I0053735

Matthias Fiedler

革新的な不動産マッチングのアイデア：不動産仲介を容易に

不動産のマッチング：革新的な不動産マッチングポータルで、効率的かつシンプル、プロフェッショナルな不動産仲介を実現

発行人欄

印刷書籍としての第 1 版 | 2017 年 2 月

(初版はドイツ語で 2016 年 12 月に発表)
©2016 Matthias Fiedler

Matthias Fiedler
Erika-von-Brockdorff-Str. 19
41352 Korschenbroich
Deutschland
www.matthiasfiedler.net

作成と印刷：
最後のページを参照。

表紙デザイン：Matthias Fiedler

電子書籍の作成：Matthias Fiedler

本書の内容について

この本では、グローバルな不動産マッチング
ポータルに関する革新的なコンセプト (アプ
リーアプリケーション)、および、大きな潜
在的収益 (数十億ユーロ) について説明を行い
ます。また、ポータルは不動産評価も含めた
不動産業者ソフトウェアに統合されており
(兆ユーロレベルの潜在収益)、自己使用向け
または賃貸用の住宅や商業用不動産を、効率
良く、かつ短時間で仲介できるようになりま
す。これは、すべての不動産業者と見込み客
にとって、革新的でプロフェッショナルな不
動産仲介の未来の姿となります。不動産マッ
チングは、ほぼすべての国で、あるいは、国
境を越えて機能します。

不動産マッチングポータルは、不動産物件を買い手や借り手に「運ぶ」のではなく、不動産の見込み客を識別し (検索プロファイル)、仲介される物件と照合し、両者を結び付けるものです。

目次

はじめに

私は 2011 年に、ここに説明する革新的な不動産マッチングポータルのアイデアを発案、開発しました。

私は 1998 年以来、不動産ビジネス(不動産仲介、売買、評価、賃貸、土地開発など)に従事してきました。不動産経営士（IHK/商工会議所）、不動産経済学士(ADI)、不動産鑑定士(DEKRA)の資格を有しており、国際的に認められた不動産協会である、英国王立チャータード・サーベイヤーズ協会(MRICS)の会員です。

Matthias Fiedler、
Korschenbroich、2016 年 10 月 31 日
www.matthiasfiedler.net

1. 革新的な不動産マッチングのアイデア：不動産仲介を容易に

不動産のマッチング：革新的な不動産マッチングポータルで、効率的かつシンプル、プロフェッショナルな不動産仲介を実現

不動産マッチングポータル（アプリーアプリケーション）は、不動産物件を買い手や借り手に「運ぶ」のではなく、不動産の見込み客を識別し(検索プロファイル)、仲介される物件と照合し、両者を結び付けるものです。

2. 不動産の売り手と買い手の目標

不動産の売り手または貸し手にとっては、手持ちの不動産を迅速かつ可能な限り、高い価格で売却または賃貸することが重要です。

買い手と借り手にとっては、要望に合った不動産を見つけ、迅速かつ無事に購入または貸借できることが重要です。

3. 従来の不動産検索手順

一般的に、見込み客は、インターネット上の主要な不動産ポータルで希望する地域の物件を検索します。ここでは、短い検索プロファイルを作成すると、物件情報または各物件情報へのリンクを含む一覧が、メールで送信されます。多くの場合、これを 2〜3 種の不動産ポータルで行います。これに続いて、通常は、提供者にメールで通知が送られます。これにより、プロバイダは、見込み客に連絡を取る機会および許可を得ます。

また、見込み客が希望地域の不動産業者にコンタクトを取ると、検索プロファイルが登録される場合もあります。

不動産ポータル上の提供者は、個人または商的な提供者です。商業的な提供者は、大部分が不動産業者、一部が建設請負業者や不動産ブローカー、その他の不動産会社となってい

ます（ここでは不動産業者と記載します）。

4. 個人仲介の短所/不動産仲介業者の利点

個人により売り出される不動産の場合、即時売却が保証されないことがあります。例えば、相続された不動産に関して相続人の間で合意が取れていない場合、または相続証明書が無い場合などです。さらに、居住権などの未解決の法的問題があると、売却が困難になります。

賃貸用住宅の場合、商業用不動産（店舗）を住居として使用する場合には、個人貸主が規制当局から許可を受けていない、といった問題が発生する可能性があります。

不動産業者が不動産を仲介する場合、通常、そのような問題はすでに解決済みです。また、多くの場合、　関連するすべての物件情報（間取り、物件地図、省エネルギー証明書、土地登記、公式文書など）が提供されるため、

売買や賃貸に関する手続きを、迅速かつ簡単に進めることができます。

5. 不動産のマッチング

買い手と売り手、および、借り手と貸し手の
マッチングを迅速かつ効率的に実現するには、
通常、体系的で専門的なアプローチの提供が
重要となります。

これは、対象に焦点を絞ったアプローチ、つ
まり、不動産業者と見込み客との間を検索お
よび発見するプロセスにより、実現可能とな
ります。つまり、不動産マッチングポータル
(アプリーアプリケーション) では、不動産物
件を買い手や借り手に「運ぶ」のでなく、不
動産の見込み客を識別し (検索プロファイル)、
仲介される物件に照合し、両者を結び付ける
というわけです。

最初の段階で見込み客は、不動産マッチング
ポータルに具体的な検索プロファイルを登録
します。この検索プロフィールには、約 20 項
目の条件が含まれており、とりわけ、次の条

件 (一部のみ) が、検索プロファイルで重要と
なります。

- 地域/郵便番号/都市名
- 物件タイプ
- 土地の大きさ
- 専有面積
- 価格/賃料
- 築年
- 階数
- 部屋数
- 賃貸中(はい/いいえ)
- 地下室(はい/いいえ)
- バルコニー/テラス(はい/いいえ)
- 暖房方式
- 駐車スペース(はい/いいえ)

ここで重要となるのは、条件を自由に入力す
るのでなく、それぞれの条件フィールド (例え

ば、物件タイプ) をクリックしたり開いたりすることで、事前に定義された選択肢/オプションの一覧 (例えば、物件タイプマンション、一戸建て、倉庫、オフィスなど) から選択できるという点です。

さらに、見込み客は、検索プロファイルを作成することができ、その変更も可能です。

また、見込み客は、連絡先データ、つまり、氏名、住所、電話番号やメールアドレスなどをすべて、事前に指定された欄に入力することもできます。

これに関連して、見込み客は、不動産業者からの連絡や検索条件に合った物件の案内 (物件情報) の送付に同意することができます。

見込み客はまた、不動産ポータルの運用業者と契約を結ぶことになります。

次の段階では、検索プロファイルが、プログラミングインターフェース (API―アプリケーションプログラミングインターフェース)―ドイツでは、例えばプログラミングインターフェース「openimmo」が該当―を介して提供されます。これは、接続した不動産業者には、まだ見えません。ここで重要となるのは、このプログラミングインターフェースが、いわば実装のための鍵となり、実装中のほとんどの不動産業者用ソフトウェアをサポートし、データ転送を保証する、という点です。そうでない場合も、技術的に実現が可能です。既述のプログラミングインターフェース「openimmo」、その他のプログラミングインターフェースが実装されているので、検索プロファイルの転送が可能となります。

こうして不動産業者が、仲介可能な物件と検索プロファイルを比較することが可能となります。このために不動産物件が不動産マッチングポータルに読み込まれ、各条件と照合され、結び付けられます。

条件との照合が完了すると、マッチングの割合が計算されます。例えば 50%以上のマッチングになると、不動産業者ソフトウェアに検索プロファイルが表示されます。

ここで各条件に重要度が付され (ポイント制)、条件の照合後、マッチングの割合 (一致の確率) が計算されます。例えば、条件「不動産タイプ」の重要度が、条件「専有面積」よりも高くされます。さらに、特定の条件 (例えば地下室) を、この物件の必須項目として選択することができます。

マッチングに使用される条件照合では、不動産業者が希望 (設定) する地域のみのデータにアク

セスするよう、注意を払う必要があります。これにより、データ照合の負荷を低減できます。というのも、不動産業者は多くの場合、特定の地域で重点的に活動しているためです。ここで、いわゆる「クラウド」サービスにより、今日、大量のデータを保存、処理することが可能になっている点に言及しなくてはなりません。

プロの不動産仲介を保証するため、不動産業者のみが、検索プロファイルにはアクセスできます。

　これに関して、不動産業者は、不動産マッチングポータルの運用業者と契約を結ぶことになります。

各照合/マッチングが完了すると、不動産業者は見込み客に、反対に見込み客は不動産業者にコンタクトを取ることができます。つまり、不動産業者が物件情報を送付した場合、事業報告書や売買または賃貸に対する仲介手数料を登録できる、ということです。

これは、不動産業者が物件の所有者 (売り手または貸し手) から不動産仲介の発注を受けており、物件提供に関する同意が行われていることを前提とします。

6. 応用分野

ここに記載された不動産マッチングは、住宅向けおよび商業用不動産分野の売買および賃貸物件に適用可能です。商業用不動産では、さらに関連した追加条件が必要になります。

見込み客の側が、顧客の依頼で不動産探しを行う不動産業者の場合もよくあります。

地理的に見て、不動産ポータルマッチングは、ほとんどすべての国に移管することができます。

7. メリット

この不動産マッチングは、例えば、自分の居住地域 (地元)、または転勤先の別の都市/地域で不動産を探す際、大きな利点となります。検索プロファイルを 1 度設定するだけで、希望地域で活動する不動産業者から、条件に合った物件を受け取ることができます。

また、不動産業者にとっては、売買および賃貸の仲介における効率と時間短縮の点で、大きな利点となります。

不動産業者は、提供中の物件に関して、具体的な見込み客がどれだけいるか、一覧を直接受け取ることができます。

また、不動産業者は、希望する物件の具体的な検索プロファイルを作成し、実際に物件を探す対象ユーザーに、直接アピールすることもできます (物件情報の送信など)。

これにより、見込み客がどのような物件を探しているかが事前に分かるため、連絡内容の質が向上し、その後の内覧回数を減らすことにもつながります。こうして、対象物件の仲介に要する期間全体も、短縮が可能となります。

通常、見込み客による対象物件の内覧の後、売買または賃貸契約の手続きに入ります。

8. 計算例 (見込み) —自己使用のマンションや一戸建てのみ (賃貸マンション、一戸建て、商業用不動産を除く)

次の例は、不動産ポータルマッチングの可能性を示すものです。

統計で見ると、人口 25 万人が住むメンヒェングラートバッハには、約 12 万 5,000 世帯が存在します (世帯当たり居住者 2 人)。平均転居率は約 10％となっており、年間 1 万 2,500 世帯が転居していることになります。 メンヒェングラートバッハからの転出、および、この町への転入の差は、ここでは考慮されません。このうち、約 1 万世帯 (80％) が賃貸物件を求め、約 2,500 世帯 (20％) が不動産購入を考えています。

メンヒェングラートバッハ市の評価委員会による土地市場報告書によると、2012年の不動産取引は2,613件でした。これは、前述の買い手数2,500とほぼ一致します。この数は、例えば、実際に物件を見つけられない買い手もいるため、これより多くなる可能性があります。推定では、実際の見込み客の数、具体的に言うと、検索プロファイルの数は、平均転居率約10%の約2倍、すなわち2万5,000件存在することになります。これには、買い手または借り手が、不動産マッチングポータルで、複数の検索プロファイルを作成する場合なども含まれます。

ここまでの状況から、全見込み客のうちの約半分、つまり約6,250世帯が、不動産業者を通して物件を見つけていると、言及すべきでしょう。

しかし、全世帯の少なくとも70%、つまり、約 8,750 世帯 (1 万 7,500 件の検索プロファイルに相当) がインターネット上の不動産ポータルで物件を検索していることも分かります。

メンヒェングラートバッハのような町で、すべての見込み客の 30%、つまり、3,750 世帯 (7,500 件の検索プロファイルに相当) が、不動産マッチングポータルに検索プロファイルを設定すれば、そこに参加する不動産業者は、年間 1,500 件の買い手 (20%) および 6,000 件の借り手 (80%) に適切な物件を提供することができます。

ここで、平均検索期間を 10 か月、見込み客による検索プロファイルごとの月額料金を 50 ユーロと想定すると、人口 25 万人の町での 7,500 件の検索プロフィールによる年間売上高は、推定で 375 万ユーロとなります。

ドイツの人口を 8,000 万人と想定すると、それ

により、年間 12 億ユーロの売上高が可能となります。全見込み客の 30%でなく、40%が不動産マッチングポータルで物件を探すとすれば、潜在的売上高は年間 16 億ユーロに達します。

この収益の可能性は、自己使用のマンションや一戸建のみに関するものです。住宅用不動産市場における賃貸専用、投資不動産および商業用不動産は、この試算には含まれていません。

ドイツ国内に約 5 万社ある不動産仲介業者(関事業を行う建設会社、不動産ブローカー、その他の不動産会社を含む) と約 20 万人の従業員、そしてこれら 5 万社の企業のうち 20%が、平均 2 件のライセンス契約を結び、ライセンス当たり、月に 300 ユーロを支払うと仮定すると、潜在的売上高は年間 7,200 万ユーロになります。また、検索プロファイルの地

域別料金により、その方式に応じて、さらに
大きな収益の機会が生まれます。

こうした特定の検索プロファイルを持つ見込み
客が沢山存在していれば、不動産業者は、もは
や、独自の見込み客データベースを更新する必
要がなくなります。また、この時点で有効な検
索プロファイルの数は、ほとんどの不動産業者
が所有するデータベースに登録された検索プロ
ファイルの数を、上回ると考えられます。

この革新的な不動産マッチングポータルが、複
数の国で採用されれば、例えば、ドイツの見込
み客が、地中海のマヨルカ島で休暇用アパート
の検索プロファイルを登録し、マヨルカ島の登
録不動産業者が、ドイツの見込み客に適したア
パートをメールで紹介する、といったことも可
能になります。 送信される物件情報がスペイ
ン語で書かれていても、今日では、インターネ

ットの翻訳プログラムを用れば、短時間でドイ
ツ語に翻訳することも可能です。

検索プロファイルの不動産物件へのマッチン
グを、言語に関係なく実現するには、不動産
マッチングポータル内で、各条件をプログラ
ミング済み(数学的)条件として照合し、その
後、各言語の条件に割り当てます。

世界のあらゆる地域で不動産マッチングポー
タルが採用された場合、前述の収益のポテン
シャル(見込み客のみ)は、次のように非常に
単純に試算できます。

世界の人口：75億人

1. 先進国および先進国に近い国の人口：
   20億人

2. 新興諸国の人口： 40 億人

3. 発展途上国の人口： 15 億人

ドイツの人口 8,000 万人に対する 12 億ユーロの年間潜在的収益を基に、先進国、新興諸国および発展途上国について、それぞれ仮定因子を用いると、次のような試算となります。

1. 先進国：　　　　　　1.0

2. 新興諸国：　　　　　0.4

3. 発展途上国：　　　　0.1

これにより、以下の年間潜在的売上高が試算されます (12億ユーロ x (先進国、新興諸国または発展途上国の) 人口 / 8,000万人 x 因子)。

1. 先進国：　　　　　300億ユーロ

2. 新興諸国：　　　　240億ユーロ

3. 発展途上国：　　　22,5億ユーロ

   合計:　　　　　　**562,5億ユーロ**

9. 結論

ここに示した不動産マッチングポータルは、不動産を求める人々 (見込み客) および不動産業者にとって大きな利益となります。

1. 見込み客は、検索プロファイルを 1 度入力するだけで済むため、適切な不動産を検索する時間を大幅に短縮できます。

2. 不動産業者は、すでに特定の要件 (検索プロファイル) を持つ見込み客数の全体像を取得できます。

3. 見込み客は、(いわば自動で事前選択した) すべての不動産業者が提示する、(検索プロファイルに基づいた) 希望の、もしくは適切な不動産のみの情報を受け取れます。

4. 非常に多数の最新検索プロファイルが恒久的に利用可能であるため、不動産業者は、検索プロファイルのデータベースを個々に維持する手間を削減できます。

5. 不動産マッチングポータルにつながるのは、商業的提供者/不動産業者のみであるため、見込み客は専門的で、尚且つ、多くの場合、経験豊富な業者のサービスを利用することができます。

6. 不動産業者は、内覧数を減らし、仲介に費す期間を短縮することができます。一方、見込み客も、内覧の回数を減らし、売買または賃貸契約完了までの期間を短縮することができます。

7. 不動産を売却する、または賃貸する所有者にとっても

時間の節約となります。さらに、賃貸物件での空室率の低下や迅速な賃貸手続き、あるいは、迅速な売買手続きによる売却代金の早期回収により、金銭的なメリットにもつながります。

この不動産マッチングのアイデアの実現と実装により、不動産仲介における大幅な進歩を達成することができます。

10.不動産マッチングポータルの不動産業者ソフトウェアおよび不動産評価への統合

理想的には、ここに記述された不動産マッチングポータルは、まず、できれば全世界で使用可能な新しい不動産業者ソフトウェアの重要な構成要素となるべきであると考えています。不動産業者は、不動産業者ソフトウェアに加えて、不動産マッチングポータルを使用でき、理想的には不動産マッチングポータルを含む新しい不動産業者ソフトウェアを使用することができるのです。効率的かつ革新的な不動産マッチングポータルの不動産業者ソフトウェアへ統合すれば、不動産業者ソフトウェアには重要なセールスポイントとなり、市場浸透においても非常に効果的です。

不動産仲介において、不動産評価は常に重要な要素であることから、不動産評価ツールは、必然的に不動産業者ソフトウェアに統合される必要があります。特定の計算方法を用いる不動産評価には、リンクを介して、不動産業者が入力/登録した不動産物件の関連データ/パラメータにアクセスすることが可能です。欠如しているパラメータは、独自の地域市場に関する専門知識により、不動産業者が追加します。

さらに、不動産業者ソフトウェアは、仲介する物件の仮想内覧機能も統合したものにすべきです。例えば、単純な実装により、携帯電話および/またはタブレット向けの追加アプリ (アプリケーション) として開発すれば、デバイスで仮想内覧を撮影した後、ほぼ自動的に、不動産業者ソフトウェアに統合することが可能となります。効率的か

つ革新的な不動産マッチングポータルが、不動産評価も含む新しい不動産業者ソフトウェアに統合されれば、収益のポテンシャルがさらに大幅に拡大します。

Matthias Fiedler、

Korschenbroich、2016年10月31日

Matthias Fiedler
Erika-von-Brockdorff-Str. 19
41352 Korschenbroich
Deutschland
www.matthiasfiedler.net

www.ingramcontent.com/pod-product-compliance
Lightning Source LLC
Chambersburg PA
CBHW071532210326
41597CB00018B/2969